Kathryn Mager

Empresas ocidentais na China

Kathryn Mager

Empresas ocidentais na China

Percepções sobre os desafios que se podem esperar ao iniciar e gerir uma PME em comparação com uma grande empresa ocidental na China

ScienciaScripts

Imprint
Any brand names and product names mentioned in this book are subject to trademark, brand or patent protection and are trademarks or registered trademarks of their respective holders. The use of brand names, product names, common names, trade names, product descriptions etc. even without a particular marking in this work is in no way to be construed to mean that such names may be regarded as unrestricted in respect of trademark and brand protection legislation and could thus be used by anyone.

Cover image: www.ingimage.com

This book is a translation from the original published under ISBN 978-3-659-83282-6.

Publisher:
Sciencia Scripts
is a trademark of
Dodo Books Indian Ocean Ltd. and OmniScriptum S.R.L publishing group

120 High Road, East Finchley, London, N2 9ED, United Kingdom
Str. Armeneasca 28/1, office 1, Chisinau MD-2012, Republic of Moldova, Europe
Printed at: see last page
ISBN: 978-620-8-27278-4

ÍNDICE DE CONTEÚDOS

Capítulo 1 **2**

Capítulo 2 **8**

Capítulo 3 **10**

Capítulo 4 **48**

Capítulo 5 **50**

1. INTRODUÇÃO

Objetivo

A China é um dos mercados futuros mais prometedores para homens e mulheres de negócios de todo o mundo. As grandes empresas internacionais têm entrado na China com sucesso e as pequenas e médias empresas (PME) estão a tentar ganhar terreno. Para ambas, trata-se de uma oportunidade que os empreendimentos capitalistas devem aproveitar, bem como de um benefício para o desenvolvimento económico do mercado interno chinês no seu conjunto. No entanto, a atividade empresarial na China ainda se encontra em fase de desenvolvimento e a entrada neste mercado coloca algumas dificuldades. Uma vez que as PME enfrentam desafios diferentes dos das grandes empresas, este livro compara e contrasta as diferentes estratégias de duas empresas: uma grande empresa e uma PME.

Este livro centra-se na **La Rose Noire** - uma padaria francesa por grosso, e na forma como as experiências da empresa na entrada no mercado chinês se comparam com **as da Coca-Cola**. A La Rose Noire foi construída de raiz pelo fundador e presidente da empresa, Gerard Dubois, que detém responsabilidade ilimitada. Dubois abriu a sua segunda fábrica (a primeira está situada em Kowloon Bay, Hong Kong) em Dongguan, na província de Guangdong, em 2004. Acompanharemos as suas experiências desde o seu primeiro olhar sobre o mercado chinês até aos seus empreendimentos actuais, descrevendo o mercado, o plano de negócios, os investimentos financeiros, os parceiros locais (ou a falta deles), as questões regulamentares e as componentes culturais encontradas no mundo dos negócios quando o Oriente se encontra com o Ocidente.

Em contrapartida, a Coca-Cola entrou na China estabelecendo joint-ventures com parceiros locais bem relacionados, que conhecem o processo regulamentar e têm acesso a financiamento. Ao importar o xarope exclusivo da Coca-Cola (uma receita rigorosamente guardada) para empresas de engarrafamento detidas e geridas por terceiros na China, a Coca-Cola conseguiu estabelecer e distribuir o seu produto amplamente em todo o país, tirando partido da experiência e das ligações dos seus parceiros. O objetivo da empresa tem sido, e continua a ser, colocar o seu produto ao alcance de todas as pessoas na China.[2]

Este livro descreve os vários factores a ter em conta por qualquer empresa ocidental que pretenda entrar no mercado chinês e compara as diferenças entre as grandes empresas e as PME, bem como as vantagens e os desafios de sobreviver na China como um pequeno interveniente numa grande economia.

Hipótese

[st]O objetivo deste livro é estudar e comparar a forma como as empresas ocidentais entram na China - uma economia em desenvolvimento, que alguns consideram ser o "Oeste Selvagem" do século XXI. Tendo isto em mente, perguntamo-nos como é que uma grande empresa ocidental entra no mercado e que estratégias utiliza? Em comparação, que estratégias são úteis para uma PME se estabelecer no mercado e trabalhar com recursos limitados para melhorar as suas hipóteses de sobrevivência?

Parte-se do princípio de que as empresas multinacionais, como a Coca-Cola, têm mais apoio financeiro ou resistência e podem entrar no mercado tirando partido das ligações e relações políticas dos seus parceiros locais. Ao mesmo tempo, exigiriam a existência de mecanismos que os impedissem de perder o controlo do negócio. As empresas mais

[2] Laridis, Gregg - Gestor sénior - Vendas de canais da SWIRE. Entrevista: Wan Chai, Hong Kong. 4 de março de 2007.

pequenas, como a La Rose Noire, têm de recorrer a empréstimos bancários - que são difíceis de obter -, sustentar-se completamente ou contratar um parceiro na China - mas, nesse processo, correm o risco de perder o controlo da empresa. Além disso, as PME estão a operar ao nível das empresas locais e têm de lidar com a política de fazer negócios na China - pagando muitas pequenas taxas e assinando contratos para atravessar as barreiras estabelecidas pelos governos locais.

Sobre La Rose Noire

Tendo entrado recentemente na China, Gerard Dubois, o fundador e presidente, está a olhar para os objectivos a longo prazo de solidificar a presença da La Rose Noire no mercado. Através de tentativa e erro, está a aprender o que funciona e o que não funciona no ambiente do mercado chinês. Embora tenha havido algumas lições difíceis que tiveram um impacto maior na sua empresa devido ao capital e recursos financeiros limitados, a La Rose Noir está a sobreviver e a prosperar. Dubois prevê que serão necessários 3 anos (2010) para construir a La Rose Noire na China.

A empresa La Rose Noire ("A Rosa Negra") foi fundada por Gerard Dubois e um colega francês, que mais tarde comprou para se tornar o único proprietário entre 1995 e 1997. Em 1997, Dubois começou a construir uma padaria grossista, que mais tarde se tornou La Rose Noire, em Hong Kong, a partir dos lucros dos seus três restaurantes situados em Kowloon e na ilha de Hong Kong. Utilizou os lucros dos seus restaurantes para nunca se endividar durante o processo.

Com o sucesso do La Rose Noire e a clientela encontrada em Hong Kong, Dubois encerrou os seus restaurantes e decidiu afastar-se do mercado já saturado de Hong Kong. O próximo passo da empresa, de acordo com Dubois, era entrar na China. Devido ao seu sucesso em Hong Kong, Dubois conseguiu cobrir totalmente os investimentos financeiros - mais uma vez - sem depender de empréstimos bancários e pôde avançar para o mercado chinês completamente sozinho. Dubois recusou-se a contratar quaisquer parceiros chineses locais porque queria manter o controlo total sobre a sua empresa e a qualidade dos seus produtos.

O primeiro passo de Dubois foi construir uma fábrica para produzir os seus produtos de padaria e começar a ganhar dinheiro; assim, começou a exportar para outros países, como a Nova Zelândia, Singapura, Tailândia, Estados Unidos e Japão. A partir daí, aventurou-se na distribuição local. Tentou vender o seu produto em mercearias locais, distribuiu o seu produto em Xangai e colocou com êxito o seu produto em hotéis de várias cidades de primeiro, segundo e terceiro nível na China.

Sobre a The Coca-Cola Company

A Coca-Cola Company é uma das marcas mais conhecidas do mundo e está atualmente (2007) presente em mais de 200 países, vendendo bebidas gaseificadas e outras linhas de bebidas diversas. A Coca-Cola adoptou uma abordagem diferente da da La Rose Noire para entrar no mercado chinês. Foi preciso tempo e paciência para que o investimento desse frutos - só ao fim de dez anos é que começaram a ter lucro. Em vez de construir uma fábrica e uma rede de distribuição na China, a Coca-Cola importa o seu concentrado para engarrafadores locais no país, que fabricam e vendem os seus produtos exclusivos em seu nome.

A estratégia da Coca-Cola centrou-se na colaboração com o governo para melhorar a economia do país, através da renovação de fábricas antigas e da construção de novas instalações, e para desenvolver o mercado dos refrigerantes. Desta forma, conseguiram integrar-se completamente no mercado - desde os altos funcionários do governo até às empresas locais, construindo um dos sistemas empresariais mais extensos da China. A Coca-Cola teve, aquando da sua reentrada no mercado chinês, a vantagem de estar na China há quase 30 anos - os primeiros 10 dos quais não foram lucrativos - e de ter ajudado tremendamente o crescimento da economia chinesa ao trazer capital e tecnologia avançada para o país. [3th]A empresa tinha também a vantagem de ter o reconhecimento da marca entre os clientes da China continental, devido aos seus anteriores empreendimentos no início do século XX (houve um período de 30 anos em que a China expulsou todas as empresas estrangeiras, nacionalizou as suas actividades e recusou todas as importações estrangeiras, fechando assim completamente as portas do país a empresas como a Coca-Cola).

A Coca-Cola tem um longo historial de investimento internacional em países estrangeiros. Tem o apoio financeiro e a responsabilidade limitada que lhe permitem continuar a investir grandes somas de dinheiro no mercado chinês, expandir-se por todo o país e criar milhares de empregos para os chineses. Tal como a La Rose Noire, a Coca-Cola também tem objectivos a longo prazo e planeia participar ativamente no desenvolvimento económico do mercado interno da China.

Uma breve introdução ao mercado chinês

Steve Maher, diretor de produto do estilista espanhol Adolfo Dominguez, responsável pela gestão da expansão da sua empresa na China, afirmou: "É obviamente mais fácil para as empresas multinacionais (EMN) e para as PME chinesas (criar uma empresa na China), uma vez que dispõem dos recursos humanos necessários e estão familiarizadas com os meandros da burocracia chinesa".[4] Referia-se às PME e aos

[3] Estudo de caso: Impacto económico do sistema Coca-Cola na China. Moore School of Business, Universidade da Carolina do Sul. 2004.

[4] Cox, Kimberley. Look Before you Leap. Euro Biz: Jornal da Câmara de Comércio da União Europeia na

desafios que enfrentam para entrar no mercado chinês. A entrada no mercado chinês exige um planeamento exaustivo e mais tempo para estabelecer filiais do que noutros países, com toda a documentação necessária, burocracia e passos complicados.

Para entrar na China, é importante que as PME saibam onde procurar um ponto de partida para estabelecer contactos, desenvolver a sua atividade e importar (ou exportar) o seu produto. As PME ocidentais têm mais oportunidades em cidades menos desenvolvidas da China do que em cidades como Pequim e Xangai. Estas cidades de segundo e terceiro nível, menos saturadas, dispõem de recursos que já foram esgotados nas cidades maiores e economicamente mais avançadas.[3] Para além da disponibilidade de recursos, a criação de uma pequena e média empresa num mercado emergente é um desafio e há muitos aspectos a considerar. Em qualquer parte da China, os empresários têm de lidar com a burocracia, as barreiras linguísticas e a indefinição "guanxi", que coincidem com mal-entendidos culturais (o termo "guanxi" é um conceito cultural muito importante, em que o valor das relações e das redes pessoais é tido em grande consideração na realização de negócios). A fase de planeamento é um momento crucial para aprender o máximo possível sobre o mercado chinês, as questões regulamentares e as influências culturais para ser bem sucedido.

China. julho de 2006.

2. MÉTODOS E MATERIAIS

Para compreender mais especificamente as estratégias de entrada das empresas ocidentais na China, foi efectuado um estudo de caso sobre uma PME - La Rose Noire. As PME funcionam de forma diferente das grandes empresas e, para comparar as diferenças, este livro também analisa as estratégias da Coca-Cola. Inclui informações relacionadas com o mercado chinês encontradas em artigos noticiosos e estudos de casos universitários recolhidos em fontes online.

Os dados primários foram recolhidos em duas entrevistas separadas com Gerard Dubois - presidente da La Rose Noire, seguindo o processo passo a passo da construção da empresa em Dongguan, província de Guangdong; e a sua expansão para Xangai, Pequim e outras partes da China, tais como: Xi'an, Chongqing e Chengdu. Em seguida, foi realizada uma entrevista com um gestor sénior da SWIRE sobre os antecedentes da Coca-Cola, a forma como a empresa entrou na China e os seus objectivos e estratégias de marketing no mercado.

Os dados secundários foram recolhidos, na sua maioria, de fontes escolares e outras fontes credíveis em linha, tais como sítios de informação comercial sobre o mercado chinês, jornais em linha, revistas electrónicas e estudos de caso previamente escritos, encontrados através de literatura universitária. Thomas Friedman, autor de The World is Flat, também inspirou algumas partes deste livro, quer tenham ou não sido diretamente referidas.

Limitações

Existem muitas limitações a este estudo que devem ser consideradas durante a leitura deste livro. Este foi um estudo de orçamento zero realizado durante um curto período de tempo; por conseguinte, o acesso a recursos para dados secundários é limitado. As informações de estudos de caso publicados sobre temas semelhantes só estavam disponíveis por um preço fixo e, por conseguinte, não eram acessíveis para este projeto.

A recolha de dados primários sobre a entrada da Coca-Cola no mercado chinês e as experiências da empresa ao desenvolver um mercado para o seu produto/marca e ao importar os seus produtos para os consumidores locais também foi limitada. A Coca-Cola é uma grande empresa com muitos regulamentos sobre o tipo de informação que pode ser partilhada e não havia pessoas da Coca-Cola Company disponíveis para entrevistar devido ao lançamento da "Coca-Cola Zero" em Hong Kong na altura e à sua sensibilidade em relação à partilha de informação empresarial. A informação recolhida foi fornecida por um funcionário da SWIRE (o engarrafador local da Coca-Cola), que possui um vasto conhecimento sobre a empresa do ponto de vista do marketing e das vendas.

O exemplo da PME La Rose Noire baseia-se nas experiências específicas da empresa e do proprietário e não se aplica diretamente a todas as PME que pretendem entrar no mercado. A informação foi obtida diretamente do proprietário através de entrevistas individuais e limita-se ao seu ponto de vista pessoal.

3. ANÁLISE DE DADOS

A criação de uma empresa tem sempre desafios semelhantes: conhecer o mercado, criar um plano de negócios, descobrir como financiar investimentos e o crescimento de uma empresa, saber como fazer a investigação e com quem trabalhar, e lidar com questões regulamentares. Iniciar um negócio na China exige que os proprietários reflictam sobre estes processos, bem como compreendam as diferenças culturais entre o mercado chinês e as práticas ocidentais. Tal como muitos aprenderam no passado, talvez da forma mais difícil, é importante estar totalmente preparado antes de entrar neste mercado onde os recursos são limitados e existem muitos obstáculos (tangíveis e intangíveis) a ultrapassar.

Os capítulos seguintes analisam a La Rose Noire e a Coca-Cola para comparar as suas estratégias de entrada, a forma como se adaptaram ao mercado, os regulamentos com que tiveram de lidar, o investimento financeiro e as licenças necessárias, as suas experiências de trabalho ou não com parceiros locais e os choques culturais que enfrentaram.

Estratégias de entrada

A sabedoria convencional parece indicar que as marcas "premium" - marcas que têm um preço mais elevado devido à sua qualidade superior - não se saem muito bem na China."[5] Apesar desta conclusão da investigação efectuada pela Bain & Company, também descobriram que os profissionais de marketing podem melhorar significativamente as probabilidades de sucesso, adaptando as suas estratégias para se

[5] Chen, Ann e Vijay Vishwanath. "Seja a melhor escolha na China". Business Times Singapore: Singapura, 16 de janeiro de 2004.

concentrarem nos factores críticos da rentabilidade da marca. Não se trata de a marca em si ser "premium", mas da quota de mercado e da natureza da categoria do produto. Se a categoria for composta maioritariamente por marcas "premium", então a maioria das marcas dessa categoria deverá ser rentável. Se, no entanto, a categoria de produtos for maioritariamente composta por marcas de valor ou marcas de distribuidor, então os rendimentos das marcas de qualidade superior serão, em geral, inferiores. Isto faz com que exista uma diferença entre o valor premium e uma quota de mercado elevada versus uma quota de mercado baixa, proporcionando quatro cenários possíveis para escolher uma estratégia relacionada e possivelmente bem sucedida.

A Bain concluiu, com base nas suas investigações na China, que tanto as empresas locais como as estrangeiras com marcas de qualidade superior podem ser bem sucedidas se seguirem as estratégias da matriz "high road-low road". Uma oportunidade e um exemplo de mercado da matriz "high road-low road", aproveitado pela "La Rose Noir" na China, é a dificuldade de encontrar os ingredientes certos para cozinhar comida ocidental. Muitos hotéis de quatro e cinco estrelas estabeleceram-se na China, servindo maioritariamente turistas estrangeiros e viajantes em negócios. Têm dificuldade em importar os ingredientes para os produtos de luxo esperados pelos seus hóspedes, como a farinha para o pão e para a pastelaria e os bolos. Atualmente, os hotéis importam esses ingredientes e produtos com grandes custos e inconvenientes para satisfazer os seus clientes ocidentais, o que constitui uma oportunidade de mercado para a La Rose Noire.

Há muitas formas de as empresas serem bem sucedidas nos mercados estrangeiros; no entanto, encontrar vantagens competitivas em relação às empresas locais é muito mais difícil. As empresas locais têm conhecimentos, redes muito maiores e mais bem estabelecidas, estão enraizadas na cultura local e a sua primeira língua é a língua local.

As empresas estrangeiras têm, de facto, a vantagem de aceder a recursos normalmente não acessíveis na China, o que lhes dá melhores conhecimentos sobre determinados produtos e formas únicas de prestar serviços.

Um grande problema para os estrangeiros na China são os imitadores. Uma empresa estrangeira traz os seus conhecimentos, know-how, máquinas, processos e pessoal especializado para fabricar os seus produtos de marca própria. No entanto, pouco tempo depois, as empresas chinesas estão a imitar essas fábricas e a ter um desempenho superior ao dos seus concorrentes ocidentais.

As empresas que pretendem obter uma vantagem estratégica na China devem encontrar uma vantagem competitiva duradoura que seja difícil de duplicar.

La Rose Noire

La Rose Noire produz e vende um produto que tem um mercado único na China. A concorrência que a empresa enfrenta é a de outras empresas estrangeiras. Os chineses não estão familiarizados com produtos de padaria feitos de farinha, o que é uma das razões pelas quais a sua aventura no mercado retalhista falhou. Atualmente, a La Rose Noire só tem pontos de venda a retalho em Hong Kong, um mercado mais maduro e ocidentalizado.

Na China, os clientes de Gerard Dubois são hotéis de quatro e cinco estrelas e a Starbucks (uma empresa mais recente). As suas vantagens competitivas são a qualidade e o conhecimento. As empresas locais não podem fabricar este produto porque não o compreendem da mesma forma que compreendem a sua própria cozinha. Além disso, La Rose Noire tem acesso a ingredientes de qualidade que as empresas locais não têm. Dubois compra os produtos diretamente de outros países, como a França, a Alemanha e a Suíça. Até importa algum do seu chocolate da Bélgica. Para manter as suas fontes confidenciais, ele próprio envia tudo, tratando pessoalmente das alfândegas e dos impostos. Na China, as empresas que pretendem importar estas matérias-primas têm de passar por canais especiais, cuja criação e gestão são bastante complicadas. Este facto confere à La Rose Noire uma posição de vantagem única. Os hotéis na China estão desesperados por comida ocidental para servir os seus hóspedes internacionais e empresas como a La Rose Noire têm uma posição única no mercado.

No início do ano, Dubois tinha outras alterações a fazer ao funcionamento do La Rose Noire. Uma delas dizia respeito especificamente às estratégias de transporte. Os regulamentos relativos à distribuição doméstica foram recentemente actualizados de modo a que qualquer empresa que tivesse menos de cinco camiões não pudesse ter uma licença para os seus próprios veículos de transporte e tivesse de contratar uma empresa externa para lhes prestar esse serviço. Isto significava que Dubois tinha de se desfazer dos quatro camiões que comprara para entregar as mercadorias da La Rose Noire na China e alugar contentores de 40 pés por 20 pés a uma empresa local.

Dubois esperou até poder entrar no mercado como uma empresa estrangeira detida a 100 % e, ao fazê-lo, manteve o controlo total da sua empresa. Instalou a sua fábrica no centro da região sul da China, numa Zona Económica Especial (ZEE), para obter os benefícios fiscais oferecidos aos estrangeiros localizados nessas regiões. No entanto, este facto não ajudou a suportar os custos de distribuição para Pequim e outras cidades distantes, que são muito elevados na China.

A tentativa de Dubois no mercado retalhista fracassou porque estava a vender um produto de valor a um preço superior a um mercado de massas que não compreendia o produto. No entanto, foi bem sucedido na comercialização a empresas hoteleiras internacionais, de quatro e cinco estrelas, que servem homens de negócios e turistas estrangeiros, e à Starbucks, que já tinha criado um forte reconhecimento da sua marca na China. La Rose Noire distribui os seus produtos a nível nacional, trabalhando com empresas de distribuição locais para a entrega das suas mercadorias. Também exporta produtos para hotéis em vários países do mundo, tirando partido dos custos de fabrico e de mão de obra baratos, bem como dos privilégios fiscais na China. Ao manter os seus elevados padrões de qualidade e ao ter poucos concorrentes diretos, a empresa pode exigir preços mais elevados. Foram precisos pouco mais de dois anos para que a La Rose Noir atingisse o limiar de rendibilidade e atualmente é rentável - embora principalmente devido à exportação.

La Rose Noire tem vindo a crescer a um ritmo constante de 40% ao ano. Dubois prevê que a empresa crescerá 50% durante o ano de 2008. Os mercados de exportação dos cinco países ajudaram a estabilizar a empresa. Dubois prevê que, na China, em 2008, haverá um aumento de 200% em relação a 2007 e, depois, uma subida contínua e constante durante vários anos. O ano de 2007 registou um aumento de 150% em relação ao ano anterior. La Rose Noire está atualmente a fornecer 200 lojas Starbucks na China; espera fornecer 400 até ao final deste ano e 600 até 2010. Dubois acaba de assinar um contrato de fornecimento de 30 Starbucks só em Dalian, na China. Quanto aos mercados estrangeiros, Dubois entrou na Nova Zelândia em 2005, na Tailândia e na Índia em 2006 e nos Estados Unidos em 2007. Há mais desenvolvimento em curso. Numa reunião em Chicago, em fevereiro de 2008, com o seu distribuidor, Dubois lançou várias novas linhas de produtos que irão duplicar as suas vendas nos Estados Unidos.

Coca-Cola

A Coca-Cola Company é um ator de primeira linha na China. Dos quase cinco mil milhões de litros de bebidas gaseificadas consumidos anualmente na China, mais de metade são da Coca-Cola. Quando a empresa entrou na China, em 1979, o mercado de bebidas gaseificadas era pequeno e consistia maioritariamente em marcas locais. A sua posição de liderança no sector pode ser atribuída à estratégia da empresa de estabelecer parcerias e adquirir empresas de engarrafamento locais. A Coca-Cola conseguiu manter o seu papel de liderança através do seu departamento de investigação e desenvolvimento bem desenvolvido e dos milhares de milhões de dólares gastos em marketing especificamente para os chineses. No verão de 2007, lançaram um centro de investigação global de 80 milhões de dólares e uma nova sede chinesa em Xangai, porque acreditam que a China se tornará em breve o seu maior mercado (atualmente é o quarto, atrás dos Estados Unidos, México e Brasil).[6]

A Coca-Cola baseou-se na inovação para manter os seus consumidores interessados no produto. Anteriormente, existiam apenas algumas bebidas de fruta gaseificadas de baixa qualidade, vendidas sobretudo a turistas. A Coca-Cola queria mudar e desenvolver o sector. Desenvolveu refrigerantes concebidos especificamente para o mercado chinês e uma versão chinesa do seu logótipo reconhecido internacionalmente para tornar a sua marca mais aceitável para os consumidores chineses. Também expandiu as suas linhas de produtos para incluir chá, água e sumo de fruta.

A Coca-Cola Company conseguiu estabelecer com êxito não só a sua empresa, mas também o sector das bebidas gaseificadas no mercado chinês, através de empresas comuns e da aquisição de empresas de engarrafamento, da comercialização local como produto de primeira qualidade, da adaptação e extensão da sua linha de produtos e de uma investigação e desenvolvimento intensivos.

[6] "A Coca-Cola pretende fazer da China o seu maior mercado". China Daily: Pequim, 7 de agosto de 2007.

Resumo

A criação de uma vantagem competitiva para as empresas estrangeiras na China depende, antes de mais, da estratégia correta do produto, quer encontrando um nicho de mercado, como é o caso da La Rose Noir, quer criando um mercado de massas, como fez a Coca-Cola Company.

O mercado

O mercado chinês oferece muitas oportunidades para as empresas estrangeiras participarem na sua economia; isto é diferente de transferir partes de uma indústria para a China - tirando partido de mão de obra de alta qualidade a baixos custos - para efeitos de reexportação.

A China está a revolucionar os seus padrões económicos para poder competir de igual para igual com os países industrializados mais avançados do mundo. O potencial de crescimento do mercado interno da China é um tema de preocupação para muitas pessoas nos negócios e no governo em todo o mundo. As crescentes fricções entre a China e os seus principais parceiros comerciais, os Estados Unidos e a União Europeia, em relação à política monetária chinesa e à segurança das exportações chinesas levaram a China a fazer uma intensa limpeza de casa. É importante compreender, no entanto, que o consumidor chinês doméstico está igualmente frustrado com a baixa qualidade e, muitas vezes, com produtos perigosos, e está a voltar-se para marcas que prometem qualidade e segurança.

"Um dos principais desafios que a China enfrenta é conseguir que as autoridades locais apliquem os regulamentos, devido à escassez de equipamento técnico e de mão de obra", afirmou Helen H. Jensen, professora de economia na Universidade Estatal do

Iowa.[7] No entanto, o país está a divulgar com sucesso a sua campanha para promover a qualidade dos produtos *fabricados na China*, tomando medidas significativas para melhorar a qualidade dos produtos e os riscos de segurança. Apesar de a China estar a perder "face" (a sua reputação ou o seu valor aos olhos dos outros) à escala mundial, está a encerrar milhares de fabricantes não licenciados por não cumprirem as suas novas normas; a China está a mostrar ao mundo que fará o que é necessário, o que é correto, para se manter na frente dos líderes mundiais.

Li Changjiang - um alto funcionário que acompanhou o vice-primeiro-ministro Wu Yi no seu esforço de relações públicas em outubro de 2007, relacionado com a crise das exportações chinesas envenenadas - disse a jornalistas estrangeiros: "Se os líderes chineses prestarem tanta atenção à qualidade dos produtos... podemos atingir os objectivos que estamos a tentar alcançar até ao final do ano".[8] No entanto, a falta de meios de comunicação social livres e de grupos cívicos independentes para manter os controlos e equilíbrios continua a ser um obstáculo ao avanço estabelecido por Wu.

O Professor Zhou Qiren, professor da Universidade de Pequim, previu em 2001 o crescimento económico a partir de um mercado livre baseado no fracasso das empresas públicas. Segundo ele, a proposta de "Retirada do Governo do Mercado" em Guangdong estimularia o mercado e seria o ponto de partida fundamental para impulsionar a economia.[9] Atualmente, Guangdong é uma Zona Económica Especial (ZEE), o que atraiu muitas empresas estrangeiras para construírem as suas fábricas nesta parte da China.

De acordo com a publicação do Fundo Monetário Internacional "Trade Costs and

[7] Foreman, William. "A China está a fazer progressos na luta contra produtos de má qualidade e inseguros, mas será que vai durar?" Associated Press: Pequim, 6 de janeiro de 2008.
[8] Ang, Audra. "A China está a fazer progressos em matéria de segurança: Iniciativa de 4 meses com o objetivo de conter as consequências da recolha". Associated Press: Pequim, 8 de janeiro de 2008.
[9] Zhou Qiren. "Government Control of Market Access in China". China Austrian Review: Pequim, China, agosto de 2001.

Location of Foreign Firms in China", em 2001 havia 2 945 empresas estrangeiras em toda a China e mais de 600 empresas de investimento estrangeiro (EIE) localizadas apenas em Guangdong, o maior número de empresas do que qualquer outra província da China.[10] Quando a China aderiu à OMC em 2001, o número de empresas estrangeiras na China aumentou drasticamente; o número de empresas estrangeiras atingiu 468 200 no início de 2002.[11]

Entre 1999 e 2001, houve muitas formas diferentes de empresas estrangeiras estrangeiras que entraram no mercado chinês. Como se pode ver no quadro A.1. da página seguinte, adaptado de um estudo publicado pelo Fundo Monetário Internacional, as indústrias transformadoras estrangeiras constituíram a maioria das empresas que entraram no mercado. Todas estas empresas tiveram de entrar no mercado sob a forma de uma empresa comum com uma empresa local, porque era a única forma de entrar no mercado como estrangeiro antes da entrada da China na OMC, que é discutida mais adiante neste documento. As indústrias ocidentais entraram no mercado com os seus conhecimentos de gestão da cadeia de abastecimento, algo que a maior parte das empresas transformadoras chinesas ainda não compreendia totalmente. Apesar da sua falta de conhecimentos, a economia chinesa estava a crescer rapidamente; no entanto, tudo isto abrandou à medida que o ambiente se tornou mais competitivo e eficiente. [12] Por conseguinte, a gestão da cadeia de abastecimento é atualmente o foco da maioria das empresas de produção na China.

Em 2005, a China flexibilizou o seu controlo sobre o acesso ao mercado por parte da economia não pública. Os governos não se retiraram do mercado, como o Professor

[10] Amiti, Mary e Beata Smarzynska Javorcki. Trade Costs and Location of Foreign Firms in China (Custos do comércio e localização das empresas estrangeiras na China). Fundo Monetário Internacional: Organização do Banco Mundial, março de 2005.
[11] "Aumento de salários para empresas estrangeiras continua na China". Negócios na Ásia: Runckel & Associates, 2005.
[12] Trombly, Maria. "Empresas estrangeiras impulsionam a infraestrutura da cadeia de suprimentos". eWeek.com. Ziff Davis Enterprise Holdings Inc.: 6 de dezembro de 2005. Direitos autorais 1996-2008.

Zhou tinha recomendado que fizessem. Em vez de se desfazerem das empresas públicas, a atenção centrou-se na sua reforma e reestruturação. [13] Foram efectuadas melhorias no sentido de aperfeiçoar a supervisão governamental sobre as empresas não públicas e de melhorar e normalizar os métodos e a qualidade da supervisão para salvaguardar o êxito das empresas.

Table A.1. Industries with the Highest Net Entry of Foreign Investment Enterprises (FIEs)[13]			
Rank	**Year**	**Industry Description**	**Net Entry**
1	2001	Manufacture of clothing	260
2	2000	Manufacture of clothing	160
3	2001	Manufacture of electronic elements	131
4	2000	Manufacture of electronic elements	83
5	2001	Manufacture of paper products	79
6	2001	Manufacture of household plastic products	70
7	2000	Manufacture of automobile fittings and parts	69
8	2001	Manufacture of automobile fittings and parts	64
9	2001	Manufacture of lamp and lanterns	59
10	2001	Manufacture of cotton knitting	58
11	1999	Manufacture of other plastic products	51
12	2001	Processing of other food	48
13	2001	Other textile industry	48
14	2001	Manufacture of abrasive tools	48
15	2001	Printing of packing, decorating	47

La Rose Noire

Gerard Dubois analisou a expansão do turismo na China, devido ao aparecimento de uma classe económica recentemente enriquecida e ao abrandamento das restrições às viagens de estrangeiros pelo governo chinês, para prever a procura do seu produto neste mercado. Atualmente, La Rose Noire fornece pastelaria francesa a hotéis de quatro e cinco estrelas destinados a turistas ocidentais e a viajantes de negócios. Trata-se de um

[13] "Diário do Povo Online: A China relaxa o controlo do acesso ao mercado da economia não pública". Diário do Povo Online: Pequim, 25 de fevereiro de 2005.

produto de conforto esperado ao pequeno-almoço e à hora do chá para o mercado dos hotéis de luxo.

A entrada noutros mercados na China revelou-se mais difícil. A La Rose Noire não conseguiu vender croissants e produtos de pastelaria dinamarquesa de alta qualidade aos chineses nos supermercados retalhistas, porque o custo desse artigo excedia o valor percebido pelos consumidores e os custos de outros artigos de mercearia eram muito mais baixos na China.

comparação. Por tentativa e erro, Dubois está a aprender quais os segmentos de mercado que reagem ao seu produto e quais os que não reagem.

Dubois decidiu levar a La Rose Noire para a China quando se tornou óbvio que o mercado de Hong Kong estava saturado. Os hotéis e as lojas, como a Starbucks e a Delifrance, já têm fornecedores para os seus produtos de pastelaria, bolos e bolos. Existem pastelarias em toda a ilha de Hong Kong, em Kowloon e nos Novos Territórios e os consumidores apreciam o produto e compreendem a sua qualidade. A China, por outro lado, está ainda numa fase de desenvolvimento e precisa de ser mais bem informada sobre estes produtos ocidentais.

A China é um país enorme e decidir onde construir é um dos factores-chave no processo de arranque de uma empresa. Dubois começou a sua procura em áreas que lhe permitissem permanecer perto de Hong Kong, onde se situa o seu escritório original. Os locais que satisfaziam os seus requisitos situavam-se principalmente perto do Delta do Rio das Pérolas, na província de Guangdong, e depois de muita pesquisa e de falar com os habitantes locais sobre custos e locais, encontrou um local em Dongguan, na província de Guangdong, para a construção da fábrica da La Rose Noire.

O objetivo de Dubois para La Rose Noire desde 2003 continuou a ser a expansão na China e, no final de 2006, Dubois decidiu abrir o seu próprio escritório em Xangai.

Encontrou também um distribuidor em Pequim que tem vendido bem; no entanto, se esse distribuidor não cumprir os padrões de Dubois, este está disposto a construir também outro escritório nesse local. La Rose Noire está a fornecer 22 hotéis em Xangai e 17 hotéis em Pequim com os seus produtos de padaria congelados.

Não querendo vender o seu produto apenas a hotéis, Dubois procurou outras vias para a La Rose Noire se aventurar. Através de contactos anteriores feitos na sua carreira, está agora a fornecer ao Starbucks 20 tipos diferentes de produtos em Xi'an, Chongqing e Chengdu. Atualmente, estão a fornecer 200 locais Starbucks e esperam fornecer 400 até ao final de 2008. Prevê-se que La Rose Noire fornecerá 600 lojas Starbucks até 2010.

Coca-Cola Company

A Coca-Cola entrou na China sabendo que teria de criar um novo mercado para o seu produto. Em comparação com a PME La Rose Noire, a Coca-Cola entrou na China na altura em que o líder chinês Deng Xiaoping reabriu a economia chinesa, que tinha estado fechada ao mundo durante quase 30 anos, em 1977. No entanto, a entrada no mercado como estrangeiro era difícil devido a todas as barreiras comerciais e de investimento. Na altura, a China não estava sujeita às regras do comércio mundial (estabelecidas pela OMC); por isso, as bebidas gaseificadas da Coca-Cola caíam na categoria "controlada" (kongzhi), o que significava que "o investimento estrangeiro proposto estava sujeito à aprovação do governo chinês, caso a caso".[14] O que o governo queria saber era como é que a Coca-Cola iria beneficiar a sua economia. A Coca-Cola

---

[13] Adaptado de: Amiti, Mary e Beata Smarzynska Javorcki. Trade Costs and Location of Foreign Firms in China. Fundo Monetário Internacional: Organização do Banco Mundial, março de 2005.

[14] Estudo de caso: Impacto económico do sistema Coca-Cola na China. Moore School of Business, Universidade da Carolina do Sul. 2004.

tinha de provar que tinha objectivos a longo prazo no país e que iria fornecer equipamento de primeira linha, oportunidades de emprego e capital para investir na China.

A Coca-Cola não começou por construir uma fábrica na China, mas sim por importar os seus produtos para o país. O Presidente Jimmy Carter, um conhecido consumidor de Coca-Cola, usou a sua influência para ajudar a Coca-Cola a reentrar na China enquanto a Administração Carter estava a restabelecer as suas relações diplomáticas com a China. Em 15 de dezembro de 1978, as relações diplomáticas entre os Estados Unidos e a China foram normalizadas e, pouco depois, a Coca-Cola anunciou o reinício das vendas na China. Começaram a importar produtos Coca-Cola para Pequim através de Guangzhou (bem como de Hong Kong).[15] O investimento na economia chinesa provava as suas intenções de um compromisso a longo prazo com o mercado - muito importante para manter o "guanxi".

Devido ao seu anterior investimento no mercado chinês, a marca Coca-Cola já era conhecida entre os consumidores; no entanto, demorou algum tempo até que o governo autorizasse a venda do produto à população chinesa local. Inicialmente, a venda da bebida gaseificada estava limitada a estrangeiros no país. Como já foi referido, foram necessários dez anos para que a Coca-Cola Company conseguisse obter lucros na China. Se fosse uma PME, como a La Rose Noire, teria sido muito mais difícil manter-se em atividade durante tanto tempo sem obter lucros para reinvestir na empresa.

Em 1981, a Coca-Cola criou a sua primeira joint-venture com uma empresa de engarrafamento e, em 1986, foi construída a primeira fábrica em Xangai. A partir daí, a empresa expandiu-se pelas províncias internas da China, estabelecendo joint-

[15] Jiao Xinghua. "The Epoch Times: Negócios - China comemora 25 anos na China". Epoch Times Copyright 2004; Agência Central de Notícias: 17 de dezembro de 2004.

ventures com engarrafadores através dos seus parceiros - SWIRE e Kerry Beverages. Estas joint-ventures produzem e distribuem produtos Coca-Cola em toda a China; a marca cresceu tanto no mercado interno que o consumo per capita não ficou muito atrás do consumo total nos Estados Unidos.[16]

Resumo

O problema de muitos produtos das empresas ocidentais é o facto de poderem ser imitados por empresas locais a custos mais baixos e com acesso privilegiado aos canais de distribuição, uma vez compreendidos a tecnologia e os processos. Os habitantes locais tirarão partido dos conhecimentos e das ligações culturais. Um nicho - como o que Dubois encontrou, é um nicho que requer um conjunto de competências muito especializadas, normalmente adquiridas ao longo de muitos anos. Trata-se de um produto único e de preço elevado, o que é uma das razões pelas quais o empreendimento dos supermercados falhou, mas o fornecimento de hotéis continua a ser bem sucedido atualmente. Além disso, a Starbucks é vista como uma empresa ocidental, o que leva a supor que os seus consumidores têm uma maior apreciação e tolerância do produto e do preço.

Ao entrar na China, uma empresa estrangeira deve compreender os desafios e as limitações que irá enfrentar no mercado. Por exemplo: A Coca-Cola estava a publicitar compras a granel para o mercado de massas, enquanto os seus consumidores só podiam comprar para consumo imediato devido à falta de armazenamento. A Coca-Cola não só tinha de criar um mercado para as suas linhas de bebidas, como também tinha de comercializar a refrigeração para os seus consumidores. Parte da estratégia da Coca-Cola consiste em equipar pequenas lojas e pontos de venda a retalho com refrigeração

[16] Gregg Laridis - Diretor Sénior - Vendas de Canal da SWIRE. Entrevista: Wan Chai, Hong Kong. 4 de março de 2007.

específica para aumentar a venda dos seus produtos e, ao mesmo tempo, criar espaço nas prateleiras.

Questões regulamentares

Tanto a Organização Internacional de Normalização (ISO) como a Análise de Perigos e Pontos Críticos de Controlo (HACCP) são ativamente aplicadas na China. É importante manter as normas em qualquer sociedade, especialmente na perspetiva dos consumidores. Sem normas, os produtos que utilizamos ou compramos podem ser de má qualidade, não funcionar, não serem fiáveis e até perigosos. "A ISO é o maior criador de normas do mundo. [17] Ao desenvolver e manter normas de qualidade acordadas e aplicadas pelos governos em todo o mundo, empresas como a La Rose Noire e a Coca-Cola podem fabricar e distribuir os seus produtos aos consumidores em condições mais equitativas.

La Rose Noire

O La Rose Noire também deve considerar o cumprimento dos regulamentos do HACCP, que foi formulado como uma abordagem preventiva à segurança alimentar. Os Pontos Críticos de Controlo (PCC) são utilizados em todas as fases de produção e preparação dos alimentos.[18] Seguem o processo de produção e não apenas o produto acabado, a fim de reduzir ou eliminar o risco de perigos para a segurança alimentar.

De acordo com estes regulamentos, Dubois tinha de manter o controlo de qualidade da sua linha de produção. Tinha de estabelecer uma forma de acompanhar cada passo do processo de produção e transporte. Necessitava de transparência no processo de

[17] "ISO: Organização Internacional de Normalização". ISO Corporation, atualizado a 12 de setembro de 2006.

[18] "Princípios de Análise de Perigos e Pontos Críticos de Controlo e Diretrizes de Aplicação". US Food and Drug Administration; US Department of Agriculture. 10 de março de 2000.

cozedura para identificar os erros cometidos, de modo a manter o controlo da qualidade dos seus produtos. O desenvolvimento deste sistema demorou muito tempo, com uma manipulação fastidiosa do processo de produção. Com este sistema, ele podia identificar um erro, rastreá-lo até ao momento em que foi cometido, ligá-lo ao número de lote específico e retirar todos os produtos defeituosos.

Para controlar a qualidade da construção da sua fábrica, Dubois tinha de verificar constantemente o progresso da construção. Havia sempre problemas a resolver devido à mentalidade de trabalho dos operários. As equipas de construção trabalhavam rapidamente, mas prestavam pouca atenção aos pormenores. Por exemplo, a cablagem estava toda do lado de fora das paredes e quando Dubois disse aos trabalhadores chineses para refazerem o seu trabalho de modo a que a cablagem ficasse dentro das paredes - por razões estéticas e de segurança, os trabalhadores chineses discutiram durante quase meio dia antes de a arranjarem. A Dubois teve de pagar taxas adicionais por cada item refeito. A equipa de construção esqueceu-se de incluir um elevador nas plantas; por conseguinte, esqueceu-se de o incluir nos custos e a Dubois teve de pagar mais eletricidade, material de construção e horas de trabalho necessárias para o construir. Este tipo de problemas aconteceu frequentemente durante os cinco meses de construção de La Rose Noire.

A segurança da sua fábrica foi uma questão que Dubois acabou por não vencer. Queria ser ele próprio a gerir a segurança; no entanto, o governo colocou o seu próprio pessoal nessas posições dentro da sua fábrica. O governo está muito envolvido no que as empresas, estrangeiras e locais, estão a fazer dentro de cada Estado e, sem interferir realmente no funcionamento dessas fábricas, tem o poder de ajudar ou prejudicar uma empresa na sua luta pela sobrevivência na China. Para acompanhar pessoalmente o que se passa diariamente na sua fábrica, Dubois instalou 36 câmaras com visibilidade de 360 graus, que funcionam 24 horas por dia, sete dias por semana, e que podem ser vistas a partir do seu escritório em Hong Kong. Esta instalação foi efectuada imediatamente após a conclusão da construção.

Para além de todas as despesas que Dubois teve de pagar para construir a fábrica La Rose Noire e para gerir os problemas de qualidade com que se confrontava diariamente, teve também de ser ele próprio a trazer o equipamento necessário para a linha de produção. Uma lei estipulada pelo governo não permite que as empresas tragam equipamento em segunda mão; querem apenas maquinaria nova e a tecnologia mais recente para ajudar ao avanço da sua economia. Se uma empresa falir, o governo pode considerar o equipamento como garantia. A Dubois enviou equipamento dos Estados Unidos e da Europa, sobretudo da Alemanha e da Suíça, pagando cerca de 1,5 milhões de dólares americanos. Todas as importações estão sujeitas a um imposto de 35 por cento, o que aumentou fortemente os custos do equipamento. No entanto, conhecendo as pessoas certas, estabelecendo "guanxi" e expedindo através de Hong Kong, conseguiram reduzir os custos. No final, Dubois investiu cerca de 25 milhões de dólares de Hong Kong no arranque da fábrica La Rose Noire em Dongguan.

Coca-Cola Company

A Coca-Cola evitou os custos adicionais em que a La Rose Noire incorreu porque os engarrafadores locais estavam a fabricar o seu produto, absorvendo estes custos por eles. A Coca-Cola opera a um nível macro no mercado, controlando tanto o processo de produção como o marketing geral/gestão da marca com uma pequena equipa de peritos dos Estados Unidos. As joint-ventures são objeto de um controlo rigoroso para garantir a proteção da marca e a sua associação à qualidade. Toda a publicidade, imagens, materiais de apoio e alterações de produtos requerem a aprovação da empresa Coca-Cola.

Resumo

Uma nova lei, discutida num artigo de 4 de março de 2007 por Joe McDonald, fixaria os impostos para todas as empresas em 25%, com taxas mais baixas para as empresas de desenvolvimento tecnológico, de acordo com um projeto que foi entregue às empresas estrangeiras. [19] As empresas que já beneficiam de benefícios fiscais continuarão a beneficiar desses benefícios durante um período máximo de cinco anos, consoante o contrato.

Para além das taxas, da importação de equipamento dispendioso e das questões relacionadas com o controlo de qualidade, as empresas estrangeiras também têm de compreender e satisfazer as necessidades especiais dos trabalhadores. A contratação de trabalhadores chineses na China exige não só o pagamento de salários e o cumprimento de regras relativas ao horário de trabalho e à documentação, mas também a vida pessoal de cada trabalhador. Estas pessoas vêm de toda a China para trabalhar nestas fábricas e não têm alojamento local, ou não o podem pagar. A entidade patronal tem de providenciar dormitórios, cafés, serviços de lavandaria, instalações desportivas e organizar actividades para os fins-de-semana. Muitas vezes, a fábrica serve simultaneamente de emprego e de casa para os trabalhadores.

Qualquer empresa estrangeira que entre no mercado chinês terá de lidar com os seus regulamentos, o que resulta em muitos obstáculos a transpor e burocracia a eliminar.

Financiamento e licenciamento de investimentos

O registo de uma empresa na China é um processo complicado, com muita papelada, obstáculos a ultrapassar e pagamentos a fazer. Existem muitos regulamentos, muitas

---

[19] McDonald, Joe. "China corta benefícios fiscais de empresas estrangeiras". The Associated Press: Pequim, 4 de março de 2007.

vezes contraditórios, que as empresas têm de seguir. No entanto, as grandes empresas estrangeiras têm a capacidade de se protegerem e as empresas chinesas têm muitas ligações locais para as ajudar a contornar o sistema, enquanto as PME estrangeiras carecem frequentemente dos recursos necessários para contornar as regras.

Para apoiar o sistema económico socialista de mercado, permitir a utilização eficiente dos recursos do mercado e satisfazer as necessidades económicas nacionais para evitar riscos cambiais, o Banco Popular da China introduziu recentemente o "Aviso sobre questões relacionadas com o alargamento da venda a prazo e compra de divisas pelos bancos designados aos clientes e o lançamento de swaps de RMB (renminbi ou yuan chinês) contra moedas estrangeiras".[20]

Uma vez que as pequenas empresas têm um acesso limitado ao financiamento onshore, necessitam frequentemente de fornecer garantias offshore. A sua capacidade de angariar capital é dificultada pelo facto de as regras da Administração Estatal de Câmbios Estrangeiros (SAFE) exigirem que as garantias offshore sejam incluídas na dívida externa cotada de uma empresa (investimento total, menos capital registado). Este facto torna muito difícil o acesso das pequenas empresas ao crédito.

O dia 1 de janeiro de 2007 marcou uma alteração na estrutura do imposto sobre o rendimento das sociedades no país.[21] As empresas comuns sino-estrangeiras e as empresas estrangeiras detidas a 100% deixaram de estar isentas do pagamento de impostos sobre a utilização de terrenos, relativamente aos quais tinham anteriormente beneficiado de privilégios especiais. A partir dessa data, as empresas estrangeiras e nacionais passaram a ser tributadas ao nível de mesma taxa. Antes de esta alteração ter sido decidida, registou-se um enorme descontentamento político. O dilema fiscal

[20] "Página inicial do Banco Popular da China: Regras e Regulamentos". Enviado: 2 de setembro de 2005.
[21] "Asia Times: China Business". Asia Times Online Ltd.: Hong Kong, 4 de janeiro de 2007.

baseava-se na desigualdade de tratamento das empresas nacionais. A redução dos impostos para as empresas nacionais reduzia as receitas fiscais necessárias e o aumento dos impostos para as empresas estrangeiras punha em perigo o tão necessário investimento direto estrangeiro (IDE).

De acordo com o Gabinete de Assuntos Legislativos do Conselho de Estado, o Governo chinês, o nivelamento da taxa de imposto sobre a utilização dos terrenos melhorará o planeamento e o controlo do desenvolvimento e da reabilitação dos terrenos na China. A China já se estabeleceu como um concorrente na economia mundial e as empresas estrangeiras virão procurar oportunidades disponíveis no seu mercado sem a atração de privilégios especiais e grandes vantagens fiscais. Trata-se de um "amadurecimento" da economia chinesa.

A Intertek, uma empresa que testa produtos e emite certificações necessárias para países de todo o mundo, fornece às empresas informações sobre a entrada no mercado. Como exemplo do que uma empresa precisaria para entrar no mercado chinês, há uma lista dos requisitos de aplicação, extraídos dos requisitos da Intertek para seus serviços, mostrados na Tabela A.2 e requisitos de conformidade mostrados na Tabela A.3 na página seguinte.

[23] "Acesso ao mercado da China: Application Requirements". Intertek: China, 2008.

Table A.2: China Market Access: Application Requirements[22]
CQC (China Quality Control)
• Application form (2 original copies)
• Power of attorney
• Identity Declaration (special format issued by CQC)
• Product description
• Circuit diagram
• Latest CCEE or CCIB Factory Inspection Report
• Label drawing (without CCC mark, in simplified Chinese)
• User's manual (in simplified Chinese)
• Explanation letter of serial models (if any)
• CB Certificate and report (with China deviation)
• EMC Report for reference
• Sample 2 pieces
• CCEE, CCIB or CCC certificate of external power supply and power cord if any (including connector, cord, and plug)
CEMC (China Certification Center for Electromagnetic Compatibility - AKA EMC*)
• Company organization chart and business license will be required.

Table A.3: China Market Access: Conformity Requirements[23]	
	Mandatory Test & Certification
Product Safety	Yes
EMC*	Limited
Factory Inspection	Yes
Telecom & Radio	Yes, while China remains in a state of flux, it has identified a handful of telecom products under its new CCC (China Compulsory Certificate) process. Network licenses (issued by MII – Ministry of Information Industry), SRRC (the State Radio Regulation Center) certificates for Radio Transmission Equipment, and factory audits are required for many products. Test data generated by laboratories outside China will not be recognized if the testing and certification organization does not have agreements in place.
Medical	Yes, it is, however, required to be certified in China.
Other	No

22 Adaptado de: "China Market Access: Application Requirements". Intertek: China, 2008.

La Rose Noire

Felizmente para Dubois, tinha poupado o suficiente de negócios anteriores para financiar a criação da La Rose Noire do seu próprio bolso. Por outro lado, como era (e é) o seu próprio financiador, tinha de encontrar a forma mais rentável de construir uma fábrica na China dentro do seu orçamento, porque seria diretamente afetado pelas perdas da empresa. Por conseguinte, os custos de investimento foram o fator decisivo na escolha da localização da fábrica da Dubois. Decidiu-se contra Guangzhou, a capital de Guangdong, devido aos preços elevados. Só o custo de arranque nesta área era de cerca de 2-3 milhões de dólares americanos. Dubois conseguiu estabelecer uma relação com o presidente da câmara de Dongguan - estabelecer e manter relações, mais uma vez, é conhecido como "guanxi" - e conseguiu que um advogado de Hong Kong o ajudasse no processo de investimento para a compra de terrenos. O sistema de negociações, como Dubois recorda, era demasiado amigável e ele começou a desconfiar do que o governo lhe iria pedir; daí ter contratado um advogado de Hong Kong.

Os funcionários do governo levavam Dubois a almoços e jantares várias vezes por semana, tinham um carro à sua espera na estação de comboios para o levar onde ele quisesse ir e mostravam-lhe terrenos que podia arrendar em toda a província de Dongguan. A interpretação de Dubois das formalidades que os funcionários do governo tomavam quando ele estava a procurar locais para a sua fábrica era a sua vontade de trazer capital para a China, especialmente para a sua província. Queriam os recursos que ele traria para o mercado local se investisse na sua economia.

Aquando da assinatura do contrato, Dubois ficou a saber que havia mais coisas no contrato do que tinha conhecimento. Ele teve que concordar com mais do que o pagamento imediato de \$1-2 milhões de dólares americanos. Só finalizou o acordo depois de ter concordado em utilizar trabalhadores de construção locais, contratar um funcionário do governo, ou "funcionário local", para viver e trabalhar na sua fábrica, e pagar uma taxa extra ao governo para o ajudar a "gerir" o seu negócio. Para além destes acordos, teve de dar aos representantes do governo 0,6% das vendas assim que a fábrica estivesse a funcionar, como pagamento por terem ajudado Dubois a "evitar problemas". No entanto, apesar de toda a influência que o governo teve no arranque do seu negócio, Dubois manteve-se como empresário em nome individual; não tem parceiros locais nem bancos para apoiar o seu negócio.

Com o passar do primeiro ano, os terrenos em redor da fábrica La Rose Noire desenvolveram-se rapidamente, à medida que novos empresários construíam as suas próprias empresas e fábricas nos terrenos outrora vazios. O empresário exprimiu o seu alívio por ter entrado no mercado quando o fez, porque a China está a desenvolver-se rapidamente e empresas de todo o mundo desejam entrar no mercado.

À medida que a empresa entra no seu quarto ano de atividade, 60 por cento da procura da La Rose Noire provém da China, apesar do aumento da pressão fiscal e de outras pressões para não entrar no mercado local. São oferecidos benefícios fiscais a todos os artigos fabricados no país (mesmo por empresas estrangeiras) e vendidos no estrangeiro; no entanto, Dubois afirmou que os chineses não querem que os estrangeiros entrem no mercado local.[24] No entanto, Dubois consegue distribuir na China com mais facilidade, para o Starbucks e para muitos hotéis de quatro e cinco estrelas em várias províncias diferentes, porque na altura em que entrou no mercado, o governo estava a oferecer um acordo de isenção de impostos de cinco anos, válido até 2009.

[24] Dubois, Gerard - Presidente de La Rose Noire. Entrevista: Kowloon Tong, Hong Kong; 17 de dezembro de 2007.

Dubois referiu-se ao seu primeiro encontro na China em contraste com a atualidade e, embora fosse complicado começar a trabalhar em 2004, tornou-se ainda mais difícil com as várias licenças que é necessário ter para iniciar um negócio. Tem 14 licenças e, em dezembro de 2007, estava a solicitar a sua 15ath . O seu inventário foi bloqueado até que a licença fosse obtida, o que o levou a perder uma boa quantidade de negócios e a deixar os seus clientes estrangeiros em pânico. Esta licença específica foi criada para melhorar as normas de qualidade na sequência da recolha de brinquedos com chumbo nos Estados Unidos e em vários outros países durante o verão de 2007.

A "Dama de Ferro" da China, a vice-primeira-ministra Wu Yi, encerrou centenas de fábricas durante inspecções surpresa que ela própria realizou sem qualquer aviso prévio. As autoridades locais dirigiram-na à fábrica de Dubois porque ele era um operador de fábrica ideal, seguindo todas as normas de qualidade e possuindo um certificado da Organização Internacional de Normalização (ISO) e de Análise de Perigos e Pontos Críticos de Controlo (HACCP). Ela recusou o encontro, afirmando que estava interessada naqueles que não estavam ao nível do que os dirigentes chineses consideravam satisfatório, e não naqueles que já seguiam as normas de qualidade. Qualquer fábrica que não possuísse uma licença HACCP era imediatamente encerrada e, em seguida, era-lhe dito que não só obtivesse a sua licença HACCP, como também aderisse a uma nova norma de controlo de qualidade exclusivamente chinesa, que deveria ser cumprida antes de poderem ser expedidas quaisquer outras exportações (ou importações).[25]

Dubois gastou uma grande soma de dinheiro em alterações na sua fábrica para cumprir as novas normas de controlo de qualidade, de modo a poder desbloquear e expedir o seu inventário. Durante duas semanas antes da entrevista de 17 de dezembro de 2007,

[25] Dubois, Gerard - Presidente de La Rose Noire. Entrevista: Kowloon Tong, Hong Kong; 17 de dezembro de 2007.

tinha seis contentores (40 pés por 20 pés) em espera. A resposta de Dubois a esta situação foi simplesmente que o funcionamento de uma fábrica numa empresa industrial que se esforça por melhorar o seu estatuto na economia mundial acarreta perturbações constantes com as quais as fábricas locais têm de lidar. Disse: "Todos os anos (na China) trazem algo de novo".

Coca-Cola Company

O facto de se tratar de uma empresa de maior dimensão proporciona vantagens definidas e óbvias em relação às PME. Têm a segurança financeira necessária para entrar no mercado chinês e absorver quaisquer perdas devidas a alterações regulamentares, mercadorias retidas e custos de alterações no equipamento necessário para cumprir as novas normas. Além disso, o recurso a parceiros locais pode ajudar a fazer avançar os processos conforme necessário através das vantagens das redes comerciais existentes.

Entre 1979 e 2000, a Coca-Cola investiu 1,1 mil milhões de dólares americanos na China e, desde 1979 até hoje, quase 30 engarrafadores estão a produzir e a distribuir produtos Coca-Cola em toda a China. Estas empresas são geridas pelos parceiros da Coca-Cola, a SWIRE e a Kerry Beverages, ou por engarrafadores individuais geridos exclusivamente por chineses. A joint-venture com a China National Cereals, Oils, and Foodstuffs Import and Export Corporation (COFCO) para estabelecer a COFCO Coca-Cola Beverages Ltd. - a primeira operação de engarrafamento da Coca-Cola detida maioritariamente por chineses na China, efectuou investimentos que prevêem atingir 150 milhões de dólares americanos até 2007.[26]

---

[26] "A Embaixada Americana na China: Declarações sobre o clima de investimento para o ano fiscal de 2002". Sítio Web principal. 2002.

Resumo

Havia uma tendência básica nas histórias que seguiam as empresas estrangeiras na China. As empresas que entravam na economia estavam constantemente a ficar frustradas. A maioria das empresas é bem sucedida, operando um pouco acima do ponto de equilíbrio. No entanto, continuam a existir problemas com as flutuações dos compromissos de investimento direto estrangeiro (IDE) e com a entrada efectiva. As empresas que pretendem entrar na China estão a analisar os obstáculos que se colocam no caminho para fazer chegar os seus produtos aos consumidores chineses.

O sistema de distribuição rudimentar da China é um dos principais obstáculos ao sucesso dos investidores estrangeiros e constitui um desafio para qualquer empresa que pretenda distribuir os seus produtos no interior da China e longe das zonas urbanas e das cidades costeiras. As empresas continuam a prosperar; no entanto, muitas empresas sediadas no estrangeiro estão cada vez mais frustradas com a ambiguidade das oportunidades de mercado que a China tem para oferecer.

Fazer negócios na China

Tanto as pequenas e médias empresas (PME) como as multinacionais têm de aprender a melhor forma de "fazer negócio" na China. Tendo em conta o controlo da qualidade (tal como referido no capítulo sobre a regulamentação), a gestão dos custos (tal como referido no capítulo sobre o investimento financeiro) e a procura da clientela certa (tal como referido no capítulo sobre o mercado), fazer negócios na China é uma questão de tentativa e erro, bem como de paciência.

La Rose Noire

Em qualquer negócio, é importante rastrear os produtos para manter o controlo de qualidade. Para empresas, como a La Rose Noire, que vendem produtos com um prazo de validade curto, é crucial encontrar serviços de entrega fiáveis da forma mais eficiente em termos de custos e qualidade.

Na China, os funcionários do governo não concedem licenças comerciais a menos que a qualidade de cada produto possa ser provada. Dubois disse que essa foi a parte mais entediante da construção da La Rose Noire na China. Teve de criar um sistema que registava a quantidade de cada ingrediente em cada lote e onde se encontrava cada produto específico num determinado momento. Também teve de abrir um laboratório para testar amostras de lotes das suas cozinhas.

Uma vez concluída a fábrica, La Rose Noire começou por exportar os seus produtos de padaria e croissants para hotéis de outros países: Tailândia, Índia, Estados Unidos, Nova Zelândia e Japão. Encontrar clientela no país revelou-se mais difícil. O empreendimento do supermercado custava a Dubois até $700.000 HK por mês devido a factores de qualidade incontroláveis. A empresa entregava o seu produto todos os dias, a qualidade dos serviços de transporte não era substancial e o pessoal dos supermercados só era produtivo quando ele estava presente. Além disso, a sua mercadoria estava a ser oferecida aos gerentes do supermercado que exigiam mercadoria gratuita para satisfação pessoal.

Apesar das suas tentativas, Dubois não tinha qualquer controlo nos supermercados e teve de se retirar. Para ser mais rentável, Dubois comprou os seus próprios camiões e mandou imprimir o logótipo La Rose Noire nas laterais. Desta forma, os seus empregados podiam controlar a temperatura e a eficiência do tempo. Esta situação foi alterada no final de 2007 devido a uma nova regra que estabelecia que as empresas não podiam ter os seus próprios veículos de transporte se tivessem menos de cinco camiões. Em conformidade com esta lei, Dubois vendeu os seus quatro camiões e passou a alugar contentores para enviar os seus produtos para o mercado interno, tal como fazia com os produtos que exportava para consumidores de outros países.

Gerard Dubois estabeleceu um contrato com a Starbucks para ser um fornecedor de 28 produtos (ou seja, croissants, muffins, etc.) para as suas lojas localizadas em toda a China. Este foi um grande empreendimento para a La Rose Noire e deu-lhes a oportunidade de fazer crescer a sua empresa na China, em vez de se concentrarem completamente nas exportações. Atualmente, estão localizados em Pequim, Chongqing, Wuhan, Chengdu, Xi'an, Dalian e Xangai, e estão a começar em Guangzhou e Shenzhen. A Starbucks é atualmente o seu principal cliente na China; no entanto, as suas exportações continuam a ser o local que mantém o seu fluxo de caixa.

La Rose Noire considera a caridade uma parte importante e integrante da sua organização. Dubois acredita que as empresas devem ser socialmente responsáveis. Há sete instituições de caridade em Hong Kong com as quais está muito envolvido e que apoia regularmente. No entanto, afirmou que não ajudaria instituições de caridade na China. Apesar dos seus grandes progressos na redução da criminalidade e na melhoria dos seus produtos e serviços de acordo com normas reconhecidas internacionalmente, a China continua a ter problemas de legitimidade; é por isso que Dubois não se sente à vontade para investir em instituições de caridade. Não há forma de investigar e determinar se as alegadas instituições de caridade são uma organização real ou organizações criminosas que trabalham sob um falso pretexto.

Coca-Cola Company

A entrada da Coca-Cola na China criou um mercado totalmente novo. Por conseguinte, a empresa precisava de criar interesse no seu produto. Para estimular o desejo pelas suas bebidas gaseificadas, a Coca-Cola recorreu à promoção direta do seu produto junto dos consumidores em muitos locais diferentes. A Coca-Cola estava em vantagem no que respeita ao conhecimento prévio da marca, devido ao seu anterior empreendimento na China, antes de o país ter encerrado a sua economia aos estrangeiros. No entanto, devido à falta de frigoríficos na China, a Coca-Cola não podia vender o seu produto a granel; por conseguinte, a empresa teve dificuldade em impulsionar o mercado inicialmente.

Tinham empregados chineses locais que compreendiam o mercado e sabiam como fazer publicidade junto dos consumidores. Como é óbvio atualmente, as campanhas de marketing foram bem sucedidas. A maior parte das vezes, deixavam os engarrafadores tratar do seu produto no mercado - produzindo e vendendo. Desta forma, podiam evitar os desafios das operações num ambiente desconhecido e concentrar-se nos aspectos de gestão da marca, vendas e marketing da empresa.

Neste caso, o facto de ser uma grande empresa pode exigir paciência e tempo para se estabelecer e estabelecer a sua marca no mercado chinês, mas tem a vantagem de ter um orçamento muito maior e uma responsabilidade limitada.

Resumo

Os meios de comunicação social estão sempre a publicar as últimas histórias de empresas estrangeiras que se retiram do mercado chinês por não conseguirem operar acima do seu ponto de equilíbrio. Aconselha-se as empresas a estarem totalmente preparadas e a efectuarem uma investigação exaustiva sobre o montante do investimento necessário para pôr a empresa a funcionar, a divulgar o seu produto junto dos potenciais consumidores, a lidar com os sistemas de transporte na China e as diferenças culturais. Com um plano de negócios detalhado e bem estudado, uma empresa estará mais bem preparada para enfrentar desafios imprevistos - voltando à discussão no capítulo "Estratégia de entrada".

Parceiros locais

Como estrangeiro, entrar na China para fazer negócios é um desafio a muitos níveis, especialmente com as barreiras linguísticas e culturais. Não compreender a língua local pode levar a interpretações erradas que afectam tanto as pequenas como as grandes empresas. Uma empresa deve ser capaz de compreender a cultura local para se relacionar com o seu mercado-alvo. Uma vez que os estrangeiros não têm normalmente estes conhecimentos gerais, muitos recorrem a um sócio chinês ou a um assistente que fale chinês. É sempre aconselhável ter um bom advogado familiarizado com a regulamentação local para o ajudar nestas questões. Ter um parceiro de uma empresa comum pode trazer conhecimentos e know-how locais valiosos; no entanto, se não coincidir com as práticas comerciais da empresa, pode também tornar-se uma responsabilidade.

La Rose Noire

Dubois tinha decidido desde o início que continuaria a ser o único proprietário da La Rose Noire quando entrasse no mercado chinês. Em vez disso, optou por contratar assistentes que falavam chinês para o ajudar a compreender melhor o mercado, bem como um advogado de Hong Kong, mas nunca chegou a criar uma empresa comum com um local. Além disso, Dubois sublinhou a eficácia da entrada na China através de Hong Kong, devido aos seus recursos e à quantidade de controlo que tem sobre a sua empresa.

Para além de ter assistentes que falam chinês, a maioria dos quais são chineses continentais, Dubois tem também distribuidores em Pequim. Tinha um distribuidor em Xangai, mas este era ineficaz e a qualidade dos seus produtos estava a diminuir devido à sua incompetência. Como já foi referido, cortou relações com eles e construiu o seu próprio escritório em Xangai, o que lhe permite ter mais visibilidade e controlo sobre os processos de distribuição da sua empresa.

A empresa La Rose Noire só entrou na China depois de dezembro de 2004, após a entrada da China na Organização Mundial do Comércio (OMC). Nenhuma empresa estrangeira foi autorizada a entrar no mercado chinês sem uma empresa comum e nenhuma pequena empresa estrangeira com menos de 2 mil milhões de dólares foi autorizada a distribuir no mercado interno, favorecendo as empresas multinacionais. [27][28]

La Rose Noire entrou no mercado como uma empresa estrangeira detida a 100% (WOFE), uma vez que tal foi possível graças ao acordo da China aquando da sua adesão à OMC em 2001. Apenas dois dos seus empregados, Yvonne Wong, a Diretora-Geral, e Terrence Chan, o Diretor de Produção para Hong Kong e Dongguan, são acionistas da empresa. Ambos trabalham na empresa há mais de dez anos e estão muito empenhados no seu êxito. De facto, a maioria dos seus empregados em Hong Kong trabalha para a empresa há, em média, dez anos. La Rose Noire pôde igualmente distribuir os seus próprios produtos graças a este acordo que permitiu às pequenas empresas competir no mercado nacional.

Uma WOFE é uma empresa detida a 100% por uma empresa ou empresas estrangeiras na China. A vantagem de ser uma WOFE é manter o controlo e a direção da operação por parte da empresa estrangeira. Também tende a maximizar os retornos e pode

[27] "A China está a sofrer uma grande mudança: Abre os sectores do retalho e da distribuição a empresas estrangeiras". Business-in-Asia:
Runckel & Associates, 2005.

usufruir dos baixos custos laborais da China; no entanto, cria um processo de arranque muito mais difícil. A empresa estrangeira pode não ter conhecimentos sobre o funcionamento do mercado chinês e ter poucos conhecimentos sobre a área local. As redes estabelecidas e o conhecimento do mercado são o fator-chave que convence a maioria a fazer negócios na China através de uma empresa comum com uma empresa local.

A maioria das WOFE são operações de fabrico ou montagem para efeitos de exportação, porque não estão autorizadas a vender no mercado interno. "As WOFE que vendem para o mercado interno utilizam métodos de importação criativos ou exportam e reimportam."[28] Por outras palavras, os chineses apreciam o conhecimento adquirido por ter empresas estrangeiras no seu país, formando o seu pessoal, mas preferem que estas não vendam para o mercado local. Isto faz com que uma empresa que pretenda vender no mercado interno incorra em custos adicionais significativos, tendo de pagar direitos aduaneiros pesados ou pagar a um terceiro.

Guangdong é considerada uma Zona Económica Especial (ZEE), que oferece vantagens especiais aos investidores estrangeiros, como a Dubois. A maioria das WOFEs está localizada em SEZs devido às "taxas de imposto especiais (excluindo a taxa de imposto sobre o uso do solo), infra-estruturas melhoradas e uma variedade de fornecedores e serviços locais que cresceram na zona e em torno dela para apoiar a SEZ".[29]

Coca-Cola Company

A Coca-Cola foi a primeira empresa totalmente estrangeira na China.[30] Trabalhou com

---

[28-29] "Formas de incorporação". China Unique: Premier Star Co., 2007.
[30] "Orrick: Escritórios". Orrick, Herrington, & Sutcliffe LLP Corp. 2007.

um escritório de advogados de Hong Kong, entrando no mercado chinês através de Hong Kong, à semelhança das tácticas de Dubois. Em 1993, a empresa assinou um acordo territorial com a SWIRE (sedeada em Hong Kong). O contrato conferia à SWIRE os direitos de produção e distribuição dos produtos Coca-Cola no Sul da China e em determinadas províncias do interior.

A empresa também assinou com a Kerry Beverages em 1993. A parceria tem sido bastante bem sucedida, obtendo uma participação maioritária em 11 empresas comuns na China.

Em abril de 2000, a Coca-Cola Company assinou um acordo de joint-venture com a COFCO (China National Cereals, Oils, and Foodstuffs Import and Export Corporation), estabelecendo a primeira operação de engarrafamento de propriedade maioritária chinesa. Este contrato permitiu a entrada de mais de 100 milhões de dólares americanos no mercado chinês. Em 31 de agosto de 2006, foi anunciado que a Coca-Cola comprou 89,5 por cento da Kerry Beverages e planeia comprar os últimos 10,5 por cento num futuro próximo.[31]

A Coca-Cola estabeleceu joint-ventures com um grupo selecionado de empresas de engarrafamento geridas por parceiros locais, a maioria das quais eram empresas públicas chinesas. Em 2004, 24 empresas de engarrafamento produziam produtos da Coca-Cola, bem como algumas marcas chinesas. No total, existiam 28 fábricas de engarrafamento. Havia duas fábricas de concentrados geridas especificamente pela Coca-Cola Company. [32] Em 2004, havia também cinco engarrafadores independentes do sistema Coca-Cola na China (fora da rede SWIRE e Kerry Beverages), e a empresa

---

[31] Patton, Dominique. "AP-Foodtechnology: A Coca-Cola ganha o controlo da Kerry Beverages". Patrocinado pela Mintel. Decision News Media SAS. 31 de agosto de 2006.

[32] Estudo de caso: Impacto económico do sistema Coca-Cola na China. Moore School of Business, University of Southern Carolina. 2004.

planeia ter mais engarrafadores independentes em toda a China até 2009.

Resumo

Dependendo do tipo de negócio e da sua estabilidade financeira, as empresas escolhem o que melhor se adequa aos seus objectivos: contratar um parceiro local ou contratar empregados locais. A maioria escolhe a primeira opção porque ajuda a resolver questões culturais e barreiras linguísticas. Ter um parceiro local também ajuda com as necessidades financeiras de uma empresa. Por outro lado, pode causar problemas mais tarde se o parceiro local não conseguir chegar a acordo sobre uma estratégia comercial adequada à imagem da empresa e aos seus objectivos globais.

Componentes culturais

O "choque cultural" é uma experiência pela qual todos passam quando se aventuram a sair da sua cidade natal. Ser um ocidental na China pode levar a algumas experiências interessantes que podem afetar uma empresa - as PME em maior medida do que as empresas multinacionais.

O conceito de "guanxi" é o mais importante a compreender por todos os estrangeiros que desejam trabalhar com os chineses. Não se pode fazer negócios na China sem ele; as relações de rede estão tão profundamente interligadas com todos os aspectos do trabalho e da vida. Isto requer uma compreensão dos significados simbólicos das coisas materiais, palavras, gestos e títulos.

La Rose Noire

Gerard Dubois é um patisseur francês, mas viveu e trabalhou em toda a Ásia e tem um conhecimento das diferentes culturas asiáticas. Mesmo com este conhecimento geral, tinha ainda muitos obstáculos a ultrapassar antes de La Rose Noire poder começar a ser produzido.

Outras empresas puseram Dubois em contacto com funcionários do governo que foram mais do que prestáveis em mostrar-lhe terrenos e fornecer-lhe trabalhadores para a construção. Estes funcionários levaram Dubois pela cidade, apresentaram-no aos grandes empresários da zona e até o convidaram para almoços e jantares. Até os contratos e as informações eram todos escritos em inglês. Esta hospitalidade geral, talvez normal na China, foi estranha para Dubois e o seu nervosismo perante esta demonstração extrema de bondade levou-o - como já foi referido - a contratar um advogado de Hong Kong para o ajudar a tratar das questões legais. Foi-lhe esclarecido que teria de arrendar a proprietários privados ou a terrenos do Estado. O advogado de Dubois em Hong Kong desaconselhou vivamente a propriedade privada porque os direitos fundiários continuam a ser um grande problema na China, onde qualquer pessoa que possa provar que a terra lhe pertenceu anteriormente ou aos seus antepassados tem direito a essa terra, fazendo com que o arrendatário perca tudo.

Dubois teve muitas experiências em primeira mão ao lidar com o "guanxi" enquanto operava na China, mas lidar com o Presidente da Câmara de Dongguan foi o seu encontro mais interessante. A fim de obter licenças para operar, o Presidente da Câmara de Dongguan levou Dubois a beber uma dose de Mao Tai (um vinho de arroz local) para estabelecer um acordo. O Presidente da Câmara recusou-se a falar de negócios até terem terminado o seu quinto copo. Este compromisso social era o seu acordo tácito para trabalharem em conjunto, uma vez que discutiam o que cada uma das partes queria da outra e o que cada uma comprometeria em troca. Neste caso, ficou decidido que La Rose Noire poderia ter as catorze licenças de importação e exportação, desde que abrisse um laboratório para testar os seus produtos.

Depois de lidar com a burocracia e os funcionários do governo enquanto tratava de toda a papelada, Dubois notou que o governo chinês não se importa que as empresas estrangeiras se instalem na China e exportem os seus produtos para outros locais; no entanto, não são tão cooperantes quanto à venda dos seus produtos na China. A lógica subjacente a esta ideia: as empresas locais estão preocupadas com o facto de os estrangeiros lhes tirarem o negócio.

Coca-Cola Company

Uma diferença cultural que a Coca-Cola Company descobriu, e SWIRE através do trabalho com a empresa, é que os empregados britânicos e chineses têm uma abordagem mais realista dos seus objectivos de trabalho, enquanto os empregados em escritórios com maioria de cidadãos americanos são mais optimistas. Por exemplo, os britânicos e os chineses não querem dizer que vão conseguir aumentar o seu mercado de vendas em 10% nos próximos três meses, porque estão mais preocupados com o fracasso. Os escritórios sediados nos Estados Unidos, no entanto, vão na direção oposta, pensando que as atitudes positivas os ajudarão a ter êxito e que os objectivos elevados estabelecem padrões elevados.

Com base em anos de experiência, a Coca-Cola descobriu que, no que diz respeito à motivação dos trabalhadores, os asiáticos de influência ocidental são geralmente mais entusiastas e extrovertidos em relação ao seu trabalho e estão também mais dispostos a ser optimistas, a correr riscos e a ser criativos. A motivação dos trabalhadores chineses não é muito diferente. Muitos chineses são influenciados pelo Ocidente e trabalham por recompensas semelhantes - sobretudo monetárias e materiais. Uma empresa deve ter este facto em conta ao estabelecer planos de compensação para os seus empregados e ao motivar os seus parceiros para um bom desempenho.

As diferenças culturais também podem levar a mal-entendidos entre empresas e funcionários de diferentes origens. Um desafio que Gregg Laridis enfrentou muitas vezes durante as reuniões foi determinar o estatuto da empresa em relação ao seu cliente. O sorriso de um cliente chinês não significa necessariamente que ele esteja satisfeito com a empresa. Embora na cultura ocidental um sorriso possa significar uma reação positiva, na China é apenas a forma como nos comportamos. Não há qualquer manifestação de pensamento ou emoção para encorajar ou desencorajar. Um telefonema a dizer que um cliente chinês já não quer fazer negócio pode ser um choque total para um estrangeiro devido a gestos faciais, linguagem corporal ou mesmo palavras mal interpretadas. Este facto pode causar muitos problemas entre empresas ocidentais e locais que pretendam estabelecer relações - "guanxi" - umas com as outras.

Resumo

Estabelecer e manter o "guanxi" e compreender as diferenças culturais são, tal como referido várias vezes ao longo deste livro, componentes vitais para sobreviver como empresário na China. Até a compreensão do feng shui e dos significados simbólicos subjacentes às práticas culturais são importantes. A forma de trocar cartões, saber se se deve olhar alguém nos olhos e como usar os pauzinhos (ou seja, não espetar os pauzinhos numa tigela de comida porque isso significa que alguém morreu), são algumas coisas entre muitas que mostram a necessidade de compreensão cultural. Muitos estrangeiros podem, por ignorância, ofender um homem ou uma mulher de negócios com quem desejam trabalhar sem perceber porquê. Por exemplo, nunca se deve dar um relógio como presente porque a palavra relógio soa semelhante à expressão "o fim da vida".[33]

Um estrangeiro pode não ser capaz de compreender a linguagem corporal de um chinês

[33] Gorrill, Jodie R., M.A. "Communicaid: Comunicação global: Uma visão geral da cultura chinesa". Communicaid Group Ltd. 2004.

e, por isso, deve ser paciente, pontual, mas não apressado, e ter a capacidade de manter uma conversa de circunstância para ganhar a confiança do seu interlocutor. Um chinês nunca diz "não" diretamente. É expresso de forma não-verbal, o que pode dificultar a sua decifração por um estrangeiro.

Com os avanços tecnológicos e o conhecimento que os chineses têm dos estilos de vida ocidentais, os seus comportamentos de consumo começaram a mudar. Cada vez mais pessoas podem comprar artigos de luxo e mostrar o seu sucesso através de bens materiais. Este é um fator importante que os empregadores devem compreender - para muitos, o estatuto e a "imagem" estão ligados ao dinheiro e ao sucesso.

A ideia de coletividade também deve ser considerada. Apesar da tendência para se tornarem mais individuais, os chineses continuam a ser educados para ter em conta a família e o grupo no seu processo de tomada de decisões. Um fracasso ou um erro não deve, de modo algum, ser publicamente denunciado em nome da "imagem" do conjunto - o erro de uma pessoa deita tudo a perder.

Por último, as relações a longo prazo são muito importantes - voltando mais uma vez ao termo "guanxi". O mercado interno chinês baseia-se em relações que foram construídas ao longo de muitas gerações. Um estrangeiro deve ser capaz de mostrar que é digno de confiança e que não abandonará imprudentemente outra empresa quando atravessar uma época de negócios difícil. Isto pode levar tempo.

4. CONCLUSÃO

Steve Maher, gestor de produto da Adolfo Dominguez, afirmou: "A China precisa das importações ocidentais de matérias-primas e o Ocidente precisa da China como um mercado emergente."[34] As empresas internacionais - grandes e pequenas - têm de encontrar uma forma de entrar no mercado chinês que melhor se adeqúe às suas capacidades. É necessário compreender melhor um país que terá uma grande influência no mercado mundial num futuro próximo e perceber o que é preciso para sobreviver. A China está a abrir-se para se tornar parte do mundo "plano". [35] A palavra "plano" é um termo cunhado por Thomas Friedman, que descreve a forma como os negócios se tornaram globalmente interligados, criando menos divisões entre países e exigindo mais colaboração para melhorar a eficiência nos transportes, comunicações, informação e tecnologia.

O controlo de qualidade é fraco na China, apesar dos esforços feitos pelo governo, pela "Dama de Ferro", a vice-primeira-ministra Wu Yi, e por organizações como a Organização Internacional de Normalização (ISO) e a Análise de Perigos e Pontos Críticos de Controlo (HACCP). Qualquer empresa que pretenda estabelecer-se tem de estar preparada para lidar com um elevado nível de incerteza na cadeia de fornecimento e nas infra-estruturas básicas do país.

Devido a um sistema jurídico que ainda se encontra num estado de formação, existe uma grande ambiguidade que abre oportunidades para os funcionários exigirem pagamentos mal definidos por serviços. Isto acelerará a emissão de licenças, ou será

---

[34] Cox, Kimberley. Look Before you Leap. Euro Biz: Jornal da Câmara de Comércio da União Europeia na China. julho de 2006.

[35] Friedman, Thomas. The World is Flat: A Brief History of the Globalized World in the 21st Century [O Mundo é Plano: Uma Breve História do Mundo Globalizado no Século XXI]. Penguin Books: Nova Deli, Índia; 2005.

uma condição para as aprovações necessárias para as importações, contratação de pessoal e muitas outras acções necessárias para iniciar uma empresa.

Espera-se que uma empresa estrangeira traga dinheiro e/ou activos de primeira qualidade. Não é permitida a entrada de equipamento em segunda mão na China. As empresas estrangeiras na China preferem exportar os seus produtos em vez de os venderem na própria China. Uma empresa que esteja a preparar-se para o consumo interno deparar-se-á com complicações adicionais no processo de aprovação.

Além disso, os impostos são muito elevados e a Administração Estatal de Câmbio (SAFE) dificulta a obtenção de lucros pelas pequenas empresas. Mais tarde, a transferência dos lucros para fora da China torna-se um desafio adicional.

Estabelecer relações com a população local não é apenas recomendado, é necessário. "Guanxi" é um termo repetido ao longo de todo este livro e é um conceito importante para fazer negócios na China, sendo a sua compreensão vital para o sucesso de uma empresa.

5. RECOMENDAÇÕES

Quando questionado, Dubois recomendou aos novos pioneiros que pretendem entrar no mercado chinês que se preparassem para uma viagem difícil: não existe uma forma correta de sobreviver nesta economia e as diferentes cidades têm os seus próprios regulamentos. É difícil fazer investigação sem um contacto em primeira mão com os habitantes locais. Ter um contacto local também é útil para ultrapassar as barreiras culturais e linguísticas. Uma observação feita por Dubois foi: "Faça-o à maneira chinesa - sem despesas gerais e faça uma pequena abertura para testar o mercado".[36]

Lidar com o governo é outra questão que todos os empresários têm de enfrentar. Uma regra geral para negociar com organizações governamentais na China é que tudo é negociável. Seja persistente e nunca desista após a primeira ou segunda tentativa, mesmo que a situação pareça estar resolvida.

Além disso, tenha cuidado com a "oferta especial só para si". Trata-se de um truque de vendas. Os contratos e documentos nunca são definitivos até serem assinados; por isso, aplique o mesmo conceito de persistência. Se não estiver de acordo com algum termo ou condição, oponha-se e leve a questão a uma autoridade superior. Procure sempre obter as melhores condições para si.

Várias outras recomendações para as empresas estrangeiras que pretendam entrar no mercado chinês de forma competitiva:

- Manter o silêncio e não ostentar lucros ou perdas. Um aspeto importante da "correção cultural" na China é mostrar humildade e não atrair as atenções para

---

[36] Dubois, Gerard. Presidente de La Rose Noire. Entrevista: Kowloon Tong, Hong Kong; 18 de fevereiro de 2007.

si próprio.

- Prepare-se para trabalhar arduamente durante muito tempo. A China é um mercado emergente com muitas incertezas, um sistema jurídico mal definido e peculiaridades locais no governo.
- Espera-se que haja muitas lições a aprender e muitas situações imprevistas e imprevisíveis, que exigirão tato e habilidade para as resolver.

Referências

1. "Asia Times: China Business". Asia Times Online Ltd.: Hong Kong, 4 de janeiro de 2007. http://www.atimes.com/atimes/China_Business/IA04Cb04.html
2. "A China está a sofrer uma grande mudança: Abre os sectores do retalho e da distribuição a empresas estrangeiras". Business-in-Asia: Runckel & Associates, 2005. http://www.business-in-asia.com/china_retail.html
3. "Acesso ao mercado da China: Application Requirements". Intertek: China, 2008. http://www.china.intertek-etlsemko.com/en/index.asp
4. "A Coca-Cola pretende fazer da China o seu maior mercado". China Daily: Pequim, 7 de agosto de 2007 http://www.chinadaily.com.cn/bizchina/2007-08/07/ content_6015222.htm
5. "Formas de incorporação". China Unique: Premier Star Co., 2007. http://www.chinaunique.com/business/incorp.htm
6. "Princípios de Análise de Perigos e Pontos Críticos de Controlo e Diretrizes de Aplicação". Administração de Alimentos e Medicamentos dos EUA; Departamento de Agricultura dos EUA. 10 de março de 2000. http://www.cfsan.fda.gov/~comm/nacmcfp. html
7. "ISO: Organização Internacional de Normalização". ISO Corporation, atualizado a 12 de setembro de 2006. http://www.iso.org/iso/en/aboutiso/introduction/ index.html
8. "Orrick: Escritórios". Orrick, Herrington, & Sutcliffe LLP Corp. 2007. http://www.orrick.com/offices/hong_kong/
9. "Diário do Povo Online: A China relaxa o controlo do acesso ao mercado da economia não pública". Diário do Povo Online: Pequim, 25 de fevereiro de 2005. http://english.peopledaily.com.cn/200502/25/eng20050225_174720.html
10. "Aumento de salários para empresas estrangeiras continua na China".

Negócios na Ásia:

Runckel & Associates, 2005. http://www.business-in-asia.com/china _salários. html

11. "A Embaixada Americana na China: Declarações sobre o clima de investimento para o ano fiscal de 2002". Sítio Web principal. 2002. http://www.usembassy-china.org.cn/beijing/ policy.html
12. "Página inicial do Banco Popular da China: Regras e Regulamentos". Enviado em: 2 de setembro de 2005. http://www.pbc.gov.cn/english/detail.asp? col=6800&id =59
13. Adaptado de: "China Market Access: Application Requirements". Intertek: China, 2008. http://www.china.intertek-etlsemko.com/en/index.asp
14. Adaptado de: Amiti, Mary e Beata Smarzynska Javorcki. Custos do comércio and Location of Foreign Firms in China. Fundo Monetário Internacional: Organização do Banco Mundial, março de 2005. http://www.imf.org/external/pubs /ft /wp /2005 /wp0555.pdf
15. Ang, Audra. "A China está a fazer progressos em matéria de segurança: Iniciativa de 4 meses com o objetivo de conter as consequências da recolha". Associated Press: Pequim, 8 de janeiro de 2008. http://www.azcentral.com/arizonarepublic/business/articles/0108biz-chinapr 0108.html
16. Estudo de caso: Impacto económico do sistema Coca-Cola na China. Moore School of Business, USC, 2004. http://mooreschool.sc.edu/export/sites /default/moore/research/presentstudy/Coca-Cola/C hina/china.ch1.pdf
17. Chen, Ann e Vijay Vishwanath. "Seja a melhor escolha na China". Negócios Times Singapore: Singapura, 16 de janeiro de 2004. http://www.bain.com /bainweb/publications/publications_detail.asp?id=14881&menu_url =publications_results.asp
18. Cox, Kimberley. Look Before you Leap. Euro Biz: Journal of the European Câmara de Comércio da União na China. julho de 2006. http://www.sinomedia.net/eurobiz/v200607/story0607.html

19. Dubois, Gerard. Presidente de La Rose Noire. Entrevista: Kowloon Tong, Hong Kong; 18 de fevereiro de 2007.

20. Dubois, Gerard - Presidente de La Rose Noire. Entrevista: Kowloon Tong, Hong Kong; 17 de dezembro de 2007.

21. Foreman, William. "A China está a fazer progressos na luta contra produtos de má qualidade e inseguros, mas será que vai durar?" Associated Press: Pequim, 6 de janeiro de 2008. http://richard-goodman.blogspot.com/2008/01/china-making-progress-in-bat tle-against.html

22. Friedman, Thomas. The World is Flat: A Brief History of the Globalized World in the 21st Century. Penguin Books: Nova Deli, Índia; 2005.

23. Gorrill, Jodie R., M.A. "Communicaid: Comunicação global: Uma visão geral da cultura chinesa". Communicaid Group Ltd. 2004. http://www.communicaid.com/chinese-business-culture.asp

24. Jiao Xinghua. "The Epoch Times: Negócios - China comemora 25 anos em China". Epoch Times Copyright 2004; Agência Central de Notícias: 17 de dezembro de 2004. http://en.epochtimes.com/news/4-12-10/24856.html

25. Laridis, Gregg - Gestor Sénior - Vendas de Canais da SWIRE. Wan Chai, Hong Kong. 4 de março de 2007.

26. McDonald, Joe. "China corta benefícios fiscais de empresas estrangeiras". The Associated Imprensa: Pequim, 4 de março de 2007. http://www.businessweek.com/ap/financial news/D8NLI31G0.htm?chan=search

27. Patton, Dominique. "AP-Foodtechnology: A Coca-Cola ganha o controlo da Kerry Beverages". Patrocinado pela Mintel. Decision News Media SAS. 31 de agosto de 2006. http://www.ap-foodtechnology.com/news/ng.asp?n=70238 -coca-cola-kerry-b everages-engarrafamento-china

28. Trombly, Maria. "Empresas estrangeiras impulsionam a infraestrutura da

cadeia de suprimentos". eWeek.com. Ziff Davis Enterprise Holdings Inc.: 6 de dezembro de 2005. Direitos autorais 1996-2008.http://www.eweek.com/c/a/Supply-Chain -Gestão-e-Logística/Empresas-Estrangeiras-Empresas-Conduzindo-China-Abastecimento-Cha in-Infraestrutura/

29. Zhou Qiren. "Government Control of Market Access in China". *China Austrian Review:* Pequim, China, agosto de 2001. http://www.uscc.gov /researchpapers/2000_2003/pdfs/mktacc.pdf

MIX
Papier aus verantwortungsvollen Quellen
Paper from responsible sources
FSC® C105338

Printed by Books on Demand GmbH, Norderstedt / Germany